まるで本物!? あそべる工作
バーベキュー・ドリンクバーをつくろう

いしかわ☆まりこ

汐文社

もくじ

はじめに ·· 3

おうちでジュージュー！ **バーベキューセット** ············ 4
　用意するもの ··· 6
　つくろう！ ··· 8
　できあがり！ ·· 14

道具のおはなし **カッターの使い方** ··················· 15

どれを飲もうかな!? **ドリンクバー** ··················· 16
　用意するもの ·· 18
　つくろう！ ·· 20
　できあがり！ ·· 24

道具のおはなし **はさみの使い方** ····················· 25

フードコートにありそう！ **おやつマシーン** ··········· 26
　ソフトクリームマシーン ······························ 28
　たいやきマシーン ···································· 30

すぐあそびたい！ 早くできるかんたん工作！
　おいわいにぴったり　デコレーションケーキ ············ 32
　四季を感じる　わがし ································ 34
　○×ゲーム　しゅうまいならべ ························ 36

型紙 ··· 38

はじめに

この本では、まるで本物⁉な工作を紹介するよ。
かんたんなものから少しふくざつなものまでのっているから、自分がいまつくりたいものを選んでね。
まずは、材料をあつめよう！　身近にあるものや、文房具屋さん、ホームセンターや100円ショップで手に入るものでつくれるよ。
自分がつくりたいものを思いうかべて、くふうしながら、ほしい作品をめざしてみよう！
カッターやはさみの使い方のページも見ながら、大人といっしょに気をつけながら進めてね。
自分でつくったら、世界にひとつの作品のできあがり！
つくりたい気持ちを大切に、はじめよう！
みんなの工作タイムが楽しくありますように♪

いしかわ☆まりこ

バーベキューセット ▶▶▶

用意するもの

材料

この本では 34.5×24×13センチのものを使っているよ。これに近いサイズだとつくりやすいよ

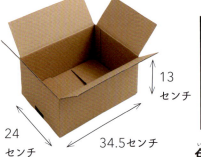
ダンボール箱
34.5センチ / 24センチ / 13センチ

色画用紙（黒）

色画用紙

ハードタイプの
カードケース
（B4サイズ）／手さげ
ホルダー

プラスチックの
スプーン

トイレット
ペーパー
のしん

せんたくばさみ

おりがみ

紙皿 ／ 赤い
ポリぶくろ

さいばし

モール

こんぽう用
エアー
クッション

ペットボトル
（まるいタイプ）／ラップの
しん

ティッシュ
ペーパー

セロハン
テープのしん

毛糸

食品トレー

アルミホイル

あとは つくりたい 気持ち！

道具

カッター用の定規もあるよ

液体、でんぷん、スティックのりなど使いわけよう！

| はさみ | カッター | 定規 | えんぴつ | 消しゴム | のり |

強力タイプ　木工用

| セロハンテープ | ビニールテープ | 両面テープ | | 接着剤 |

| ペンいろいろ | カッターマット |

この本では銀色のマーカーを使ったよ

カッターを使うときは必ず下にしいてね

ペンで焼き色をつける

焼き色には茶、こげ茶、黒があるといいよ

ぐりぐりぬらず、さっとぬるといいよ

おいしそう

つるつるしているものに色をつけるときには油性ペンがおすすめ。

焼き色はうすい色からこい色の順でぬる。エアークッションをぬるときは、プチプチの部分だけぬる。

焼き色がつくと、ぐんとリアルになって本物みたい！

バーベキューセット ▶▶▶

つくろう！

1. ダンボール箱のふたを中に折りこむ。側面四面にそれぞれ黒の色画用紙をはりつける。このとき、折りこむ分も長めに切ってはる。長めにはみ出た部分のはじを5ミリずつ切りとり、中に折りこんではる。内がわの底の部分にも黒の色画用紙をはる。

やきあみをつくろう！

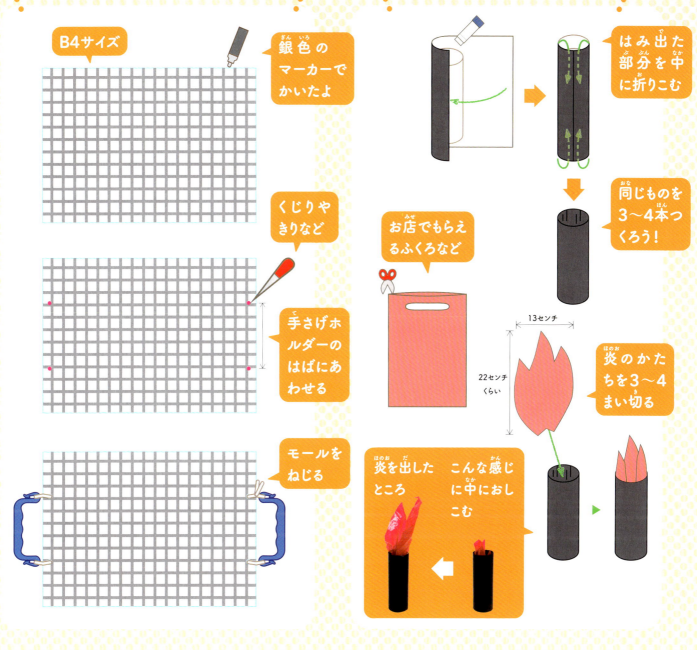

炭火をつくろう！

② B4サイズのハードタイプのカードケースにあみの線をかく。くじりなどであなをあけ、手さげホルダーをモールでつける。

③ トイレットペーパーのしんにおりがみをまきつける。赤いポリ袋を切り、トイレットペーパーのしんの中にさしこむ。同じものを3〜4本つくる。

バーベキューセット ▶▶▶

食材をつくろう！

おりがみは一度くしゃくしゃにするのがポイント！
しわをつけることで、質感がリアルになるし、ボリュームも出るよ。

------- 谷折り
—·—·— 山折り

しいたけ
材料 おりがみ（茶色系）、画用紙

画用紙

❶ くしゃくしゃにして広げる。　　❷ まるくしてテープでとめ、うらがえしてもようをはる。

赤ピーマン
材料 おりがみ（赤）

くしゃくしゃにする

図のようにまくように折る。

ピーマン
材料 おりがみ（みどり）

くしゃくしゃにする

図のようにまくように折る。

とうもろこし
材料 おりがみ（黄色）

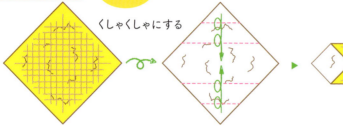

くしゃくしゃにする

とうもろこしのもようをつけてからうらがえして、図のようにまくように折る。

串焼きをつくろう！

お肉をさいばしにまきつけて、くしやきをつくる。

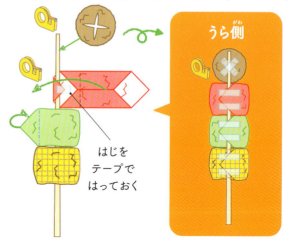

うら側

はじをテープではっておく

できあがり！

お肉は茶色、ねぎはきみどりで同じようにまきつけたよ。

食品トレー

食品トレーの平らなところにえりんぎをかいて切りとる。

両面に色をぬろう

P38の型紙を使ってもいいよ

 材料 セロハンテープのしん、おりがみ（白、クリーム色）15×15センチ

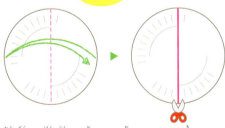  

❶ セロハンテープのしんを白いおりがみでくるむ。

❷ まるめたクリーム色のおりがみをつめ、まるく切った白いおりがみでふたをする。

両面にもようをかこう

 材料 紙皿（直径13センチ）

❶ 紙皿を半分に折って折りすじで切る。

❷ 内がわのラインを切りとり、かぼちゃの色をぬる。

両面に色をぬろう

ほたて 材料 紙皿（直径13センチ）、トイレットペーパーのしん、おりがみ（クリーム色）15×15センチ

 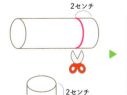  

❶ 紙皿を図のように切る。

❷ トイレットペーパーのしんを切り、クリーム色のおりがみでくるむ。

❸ ❷をうらがえして❶にはる。

P38の型紙を使ってもいいよ

バーベキューセット ▶▶▶

とうもろこしをつくろう！

ラップのしんタイプ

材料 ラップのしん、新聞紙などの紙、ティッシュペーパー、色画用紙（黄色）、こんぽう用エアークッション

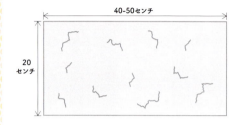
❶ いらない紙、新聞紙などをくしゃくしゃにする。

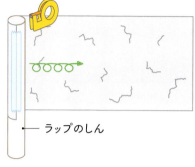
❷ ラップのしんに紙をまきつける。

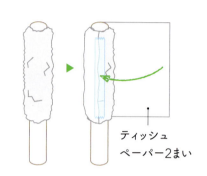
❸ さらにティッシュペーパーを2まいまく。

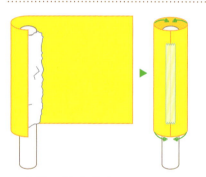
❹ 黄色の色画用紙をまきつける。

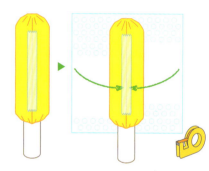
❺ エアークッションをプチプチが外がわにくるようにまきつける。

❻ 半分の面に焼き色をつける。

できあがり！

焼き色のつけかたはP7を見てね

ペットボトルタイプ

材料 ペットボトル（丸いタイプ）、色画用紙（黄色）、こんぽう用エアークッション

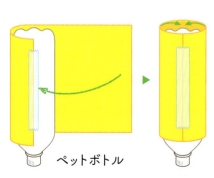
❶ ペットボトルに黄色の色画用紙をまきつける。

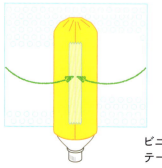
❷ エアークッションをまきつける。

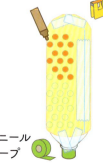
❸ 半分の面に焼き色をつける。

できあがり！

カットしたとうもろこし

材料 トイレットペーパーのしん、おりがみ（黄色）15×15センチ、こんぽう用エアークッション

トイレットペーパーのしんを少しつぶす

さらに半分に切る

黄色のおりがみ

中におしこむ

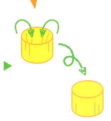

❶ トイレットペーパーのしんを四等分に切る。

❷ 黄色のおりがみで❶をくるむ。

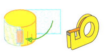
プチプチが外がわにくる

焼き色のつけかたはP7を見てね

できあがり！

15~16センチ
4センチ

❸ 細長く切ったエアークッションをまきつける。

❹ 半分の面に焼き色をつける。

トングをつくろう！

材料 プラスチックのスプーン、ビニールテープ、せんたくばさみ

すくうがわを下にむける

できあがり！

プラスチックのスプーン

ビニールテープ

せんたくばさみ

プラスチックのスプーン2本をせんたくばさみのふたまたのところにそれぞれ1本ずつビニールテープをまきつけてくっつける。

せんたくばさみのばねの力でつかんだりはなしたりできる

バーベキューセット ▶▶▶

できあがり！

コンロの中で炭火を
つけて焼きあみをかぶせる

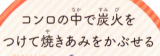

あそばない
ときは食材などを
コンロの中にし
まっておけるよ！

ダンボール箱より
ひとまわり大きいカード
ケースを使おう

火がつくよ

食品トレーを
アルミホイルで
くるんだよ

食材いろいろ

トング　トレー

すきな食材を
つくって焼こう！

あそびかた

焼きそば

黒い紙の鉄板で毛糸のめんと
紙の具材をいためよう！

焼きとうもろこし

焼けたらひっくりかえすと焼き色
がついてるよ。

お肉ややさい

トングで焼きあみにのせて焼い
てね。どんどんのせちゃおう！

14

道具のおはなし カッターの使い方

刃は1〜2まい分出して使おう

1〜2まい

持ち方は**えんぴつを持つように**するよ。ふだん、えんぴつの持ち方がちがう人も、カッターはこの持ち方にしよう

大人といっしょに使うよ

こんな持ち方はあぶない！

切れなくなったら刃を折ろう

ここをはずせるものもあるよ

必ず**カッターマット**をしいて使うよ

※ペンチなどでも折れるよ。折った刃をすてるときは地域の決まりにしたがってね

定規を使うときは金属製または金属がはってある定規を使おう

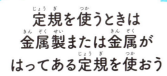

手はカッターが通る線の上にはおかない！！

☆左利きの人は専用のカッターがあるよ

15

ドリンクバー ▶▶▶

用意するもの

材料

この本では33.5×23×13センチのものを使っているよ。これに近いサイズだとつくりやすいよ

13センチ
23センチ　33.5センチ

ダンボール箱

ダンボール箱のはばより長いもの

ペットボトルやかんの飲みものが入っている細長いタイプのダンボール箱もあるよ

ラップのしん

近いサイズや形をさがそう！

ペットボトル 四角いタイプ
（750ミリリットル）

500ミリリットルの四角いペットボトルでもOK。その場合は、ダンボール箱につける位置を調整してね

プラスチックのコップ

大きめのものを使っているよ

カプセル
（ガチャガチャ）

平たいテープ

100円ショップのものがおすすめ

画用紙、色画用紙

かざりつけにあるとかつやくするアイテム

ペットボトルのふた

デコレーションボール

マスキングテープ

まるシール

ドリンクホルダーやトレー

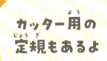
カッター用の定規もあるよ

道具

はさみ

カッター

定規

えんぴつ

消しゴム

コンパス

ガムテープ

セロハンテープ

ビニールテープ

両面テープ

強力タイプ

接着剤

いろいろなものに使えるタイプ

のり

ペンいろいろ

カッターマット

カッターを使うときは必ず下にしいてね

液体、でんぷん、スティックのりなど使いわけよう！

四角いペットボトルを切るときは

一面に2か所くらい

切りたいところにしるしをつける。

ペットボトルをたおして油性ペンでラインをひく。一面かいたらまわして、次の面にひき、ぐるっとつなぐ。

カッターで切りこみを入れ、はさみの刃を切りこみから入れてぐるっと切ってもOK

ラインをカッターで切る。一面切ったらまわして次の面を切る。

19

ドリンクバー ▶▶▶

つくろう！

1. ダンボール箱のふたをとじる。左右の面に図のようにラップのしんがとおるサイズのあなをあける。前の面の下の方を切りとる。うしろの面に図のように切りこみを入れる。切らなかったところを折り、あけしめできるふたにする。

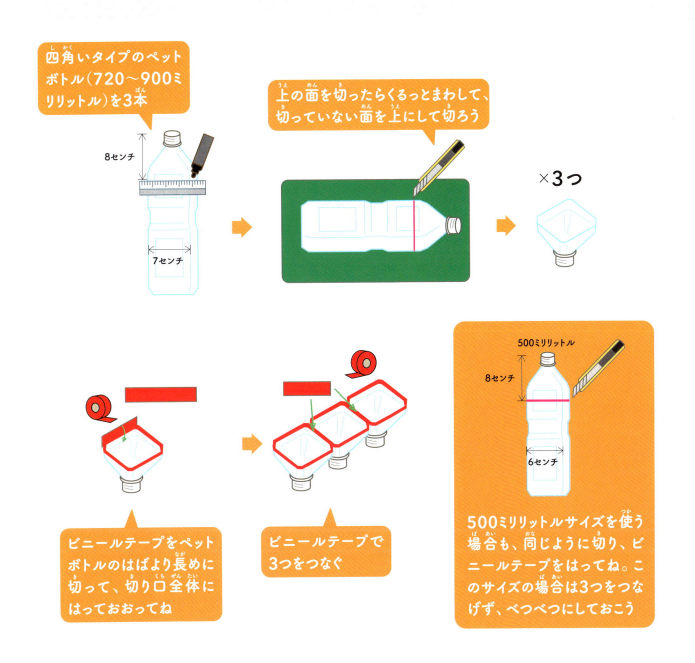

② 四角いタイプのペットボトルを切る。切り口にビニールテープをおおうようにはる。同じものを3つつくり、ビニールテープでつなぐ。

ドリンクバー ▶▶▶

③ ❷を❶に図のようにくっつける。前の面、うしろの面、両がわに色画用紙をはる。ふさいでしまった左右の面のあなは切りぬいておく。
★ペットボトルのサイズが小さい場合、3つをそれぞれバランスよくはってね。ダンボールのサイズによってペットボトルの数をかえてもいいよ

4. ラップのしんに接着剤でガチャガチャのカプセルの片方をはる。ふたをあけ、しんをまるいあなに通し、平たいテープをとりつけてから、反対のあなから出す。平たいテープのはじをペットボトルの飲み口からそれぞれ出す。前の面にドリンクバーの画面やボタンのかざりをつける。

ドリンクバー ▶▶▶

できあがり！

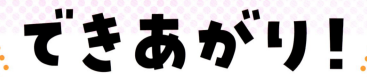

ボタンは
デコレーションボール。
やわらかいから
おすことができるよ

うしろはこんな
感じ

平たいテープ
100円ショップの小さ
めなタイプがおすすめ！

マスキングテープ
をふちにはって、
あけしめできるよう
にしたよ

すきな味の
色をえらぼう

いろんなドリンクをつくろう

水　メロンソーダ　レモンスカッシュ　味をミックス

うしろをあける
とこんな感じ

あそびかた

いちごジュースにしよう

PUSH

飲みたいドリンクの下にコッ
プをセット。ボタンをおす。

そそいで～♪

テープの先をひき出し、
ジュースをコップに入れる。

チョッキン

CUT

テープを切る。

おいしそう

道具のおはなし　**はさみ**の使い方

> おすすめの持ち方を紹介するよ

> 持ち運ぶときや人にわたすときは、刃の方を持つ

> 上のあなには**親指**を入れる。ふたつのあなが同じサイズのはさみもあるよ

> 必ず、すわってつくえの上で使おう！

> **人差し指**を外に出して、そえて持つのがおすすめ！なれると安定して使いやすいよ

> **小指**は外に出してそえるといいよ。手が小さい人はあなに入れてもOKだよ

> **中指、くすり指**は下のあなの中に入れる

> 細長い紙を切って練習！1回で切りとってみよう。指を切らないように紙を持つ手の位置に気をつけよう

☆左利きの人は専用のはさみがあるよ

> まるを切ってみよう！はさみの位置はそのままで、紙を動かすよ。はさみを持つ手をグーパー、グーパーと動かして切り進めてね

ひじは体につけて紙を正面に持つ

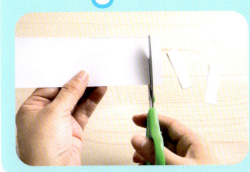

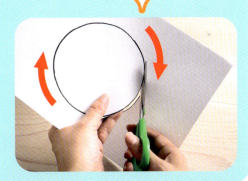

たいやきマシーン
つくりかた P30 へ

この本で使ったサイズ
26センチ / 19.5センチ / 12センチ

ソフトクリームマシーン　あそびかた

両面テープをはがす。

毛糸のクリームをひっぱりながら、紙コップをまわし、ティッシュの山にまきつけていくよ。

まきおわったらはさみで毛糸を切る。

ちょっきん

材料
ダンボール箱、四角いタイプのペットボトル（720ミリリットルくらい）、小さい紙コップ（クラフト色、60ミリリットル）、毛糸（もこもこの太めタイプ）、ティッシュペーパー、色画用紙、シール、両面テープ

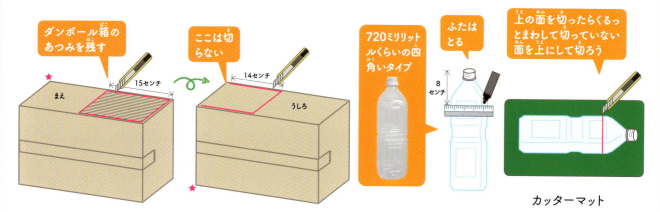

❶ 細い面を上にむけておき、図のように切りとる。★が★にくるようにうらがえし、▭に切りこみを入れる。

❷ 四角いペットボトルの飲み口から8センチのところで切る。

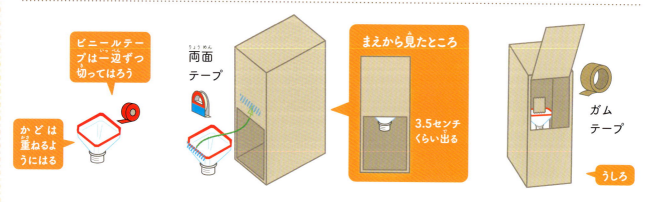

❸ 切り口をビニールテープでぐるっとおおう。

❹ ❶で切りとったところの内がわに両面テープをはり、❷をくっつける。

❺ ❶で切ったうしろ側のふたをあけ、中からもはる。

できた

めしあがれ

おいしそう

星のシールでトッピングしたよ。小さめのシールがおすすめ！デコってあそぼう

かわいい

ピンク色がまざった毛糸をつかったよ！毛糸の色をかえるといろんな味ができる！

ソフトクリームのもと

⑥ 色画用紙で全体をかざる。

P39の型紙を使ってもいいよ

ティッシュペーパー何枚かで山のかたちをつくる

⑦ 小さい紙コップにティッシュのかたまりをつめて、両面テープをはる。

できあがり！

うしろのふたをOPEN

内がわからはしをひきだし、たてに使う

⑧ ふたをあけ、毛糸の先をペットボトルの口からひきだす。

マスキングテープをふちにはっておくと、上からテープをはってもはがしやすくて、あけしめできるよ。

⑦ でセットした毛糸のはしをペットボトルの口から出す。

29

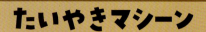 

たいやきマシーン / あそびかた

白いわくにあわせてふうとうをセット！

茶色の絵の具を型にぬりぬり。

絵の具がかわかないうちにふたをして…

スタンプ！

材料
ダンボール箱、ダンボール板、色画用紙、布ガムテープ（黒）、ふうとう（長形4号）、フルーツキャップ、スポンジ、ロープ、絵の具（茶）

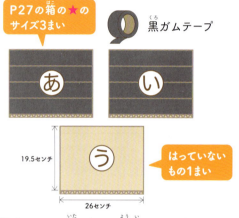

❶ ダンボール板3まいを用意する。ダンボール板3まいのうち、2まいの片面に黒ガムテープをすきまなくはる。

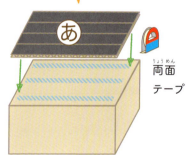

❷ ダンボール箱の上の面に❶の1まいをはる。

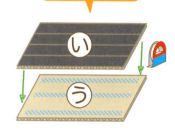

❸ 黒ガムテープをはっていないダンボール板に❶のもう1まいをはる。

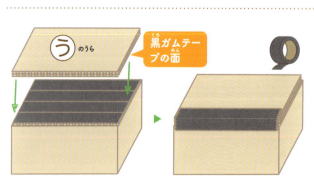

❹ ❷に❸の黒ガムテープの面を下にして黒い面どうしがあうようにのせる。ガムテープを図のようにはり、つなぐ。

❺ ひらいて、内がわからもガムテープをはる。ロープの両はじを玉むすびし、むすび目の上を図のようにセロハンテープでとめる。

30

オープン			たいやき完成
たいやきの焼き色がついた！	おりがみをまるめたあんこをつめる。	角を折ってしっぽをすぼめる。	ふうとうの色をかえるといろんな味ができるよ。

たいやきのスタンプ

万能接着剤　ビニールテープ

フルーツキャップ　8センチ　5センチ　10センチ

❻ うすいスポンジで目と口を切る。フルーツキャップを1まい切りひろげ、図のように切り、ふうとうにはる。

❼ ❻とは別のふうとうをおき、ビニールテープで└┐のかたちにふちどる。

❽ ❼のふうとをはずし、❻を図のようにおく。わっかにしたセロハンテープをはっておき、ふたをする。

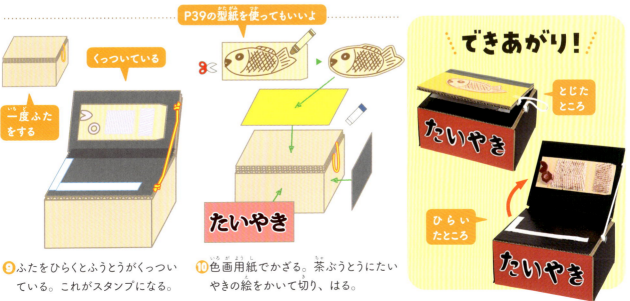

P39の型紙を使ってもいいよ

一度ふたをする　くっついている

❾ ふたをひらくとふうとうがくっついている。これがスタンプになる。

❿ 色画用紙でかざる。茶ぶうとうにたいやきの絵をかいて切り、はる。

できあがり！

とじたところ

ひらいたところ

すぐあそびたい！ 早くできるかんたん工作！

おいわいにぴったり デコレーションケーキ

デコレーションボールを フルーツにみたてたよ

スクエアケーキ

ミニホールケーキ

スポンジシールが 大かつやく

材料 牛乳パック（500ミリリットルでも1リットルでもOK）、ガムテープのしん、フェルト、カラーロープ（手芸用）、デコレーションボール、造花（小）、リボン、スポンジシール、ビーズ

スクエアケーキ

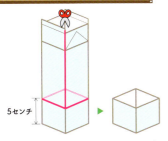
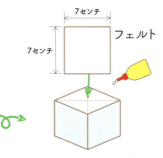
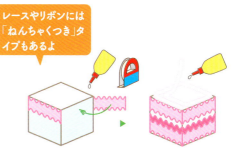

❶ 牛乳パックのあけ口を広げて切りこみを入れ、底の部分を5センチ切りとる。

❷ ひっくりかえして底にフェルトをはる。

❸ まわりにレースやリボンをまきつける。上の面のふちにロープをぐるっとつける。

レースやリボンには「ねんちゃくつき」タイプもあるよ

牛乳パックのがらがすけないように全体をはってね

できあがり！

❹ 上の面のロープの内がわをうめるように、デコレーションボール、ビーズなどをはりつける。

ミニホールケーキ

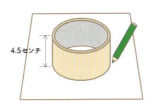
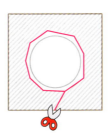

❶ ガムテープのしんを紙にのせて外の円をなぞる。

❷ ❶でかいた円をひとまわり大きく切る。

❸ ❷をフェルトにセロハンテープではり、かいた円を切る。

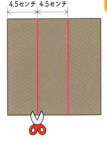
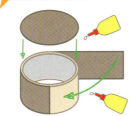

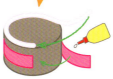

小さいフェルトなら何本か切ろう

ロープは上の面のふちにつけたよ

できあがり！

❹ テープのしんの高さのはばにあわせてフェルトを切る。

❺ ❸、❹をそれぞれはりつける。

❻ リボンやロープをぐるっとつける。

❼ ロープの内がわに造花やデコレーションボール、シールなどをはりつける。

すぐあそびたい！早くできるかんたん工作！

四季を感じる わがし

豆大福

水まんじゅう（こしあん）

さくらもち

水まんじゅう（まっちゃ）

材料 こんぽう用エアークッション（とうめい、ピンク、みどり）、おりがみ、ティッシュペーパー

水まんじゅう

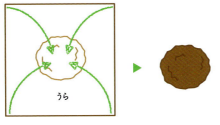

100円ショップにもラッピング用シートとしてカラーのものがあるよ

❶ あんこにしたいおりがみにまるめたティッシュをおいてくるむ。

❷ エアークッションを切る。

プチプチを下にしておく

プチプチがおもてに出る

できあがり！

みどり色のエアークッションでつつんだよ

❸ ❷のまん中に❶をおき、くるむ。　❹ セロハンテープでしっかりとめてひっくりかえす。

さくらもち

おもち部分はピンク色のエアークッションを使って、水まんじゅうと同じつくりかたでつくるよ。

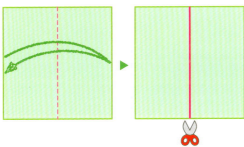
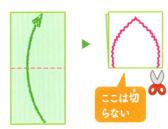

ここは切らない

ピンク色のエアークッション

❶ 黄緑色のおりがみを半分に切る。

❷ たて半分に折ってはっぱのかたちを切り、まく。

豆大福

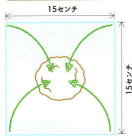

できあがり！

まるめたティッシュ2まいをエアークッションでくるむ。プチプチのいくつかを油性ペンでぬり、豆をつくる。

すぐあそびたい！　早くできるかんたん工作！

○×ゲーム しゅうまいならべ

えびしゅうまい

しゅうまい

おはしで
ならべると
たのしいよ！

ルールは○×ゲームと同じだよ
じぶんのしゅうまいを3つならべた人が勝ち！

たて　　よこ　　ななめ

材料 ペットボトルのふた（しゅうまい1つにつき2こ）、おりがみ（7.5×7.5センチ）うす茶、白、黄緑、黄、オレンジ、ダンボール板、色画用紙、おりがみ（15×15センチ）金

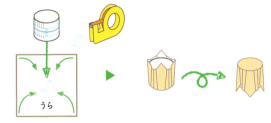

❶ペットボトルのふた2こをあわせて、セロハンテープでとめる。

❷7.5×7.5センチのうす茶のおりがみのまん中にわっかにしたセロハンテープをつけて、❶をおく。おりがみでつつむ。

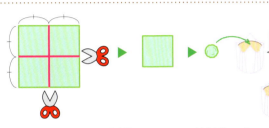

❸7.5×7.5センチの白のおりがみのまん中に❷をおき、つつむ。

❹7.5×7.5センチの黄緑のおりがみを四等分に切り、1まいをまるめてグリーンピースにする。❸のまん中につける。

 えび しゅうまい部分は❸で黄色のおりがみを使ってつくったよ。

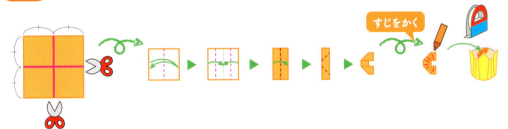

7.5×7.5センチのオレンジのおりがみを四等分に切り、図のように折る。うらがえしてすじをかく。

ゲーム台

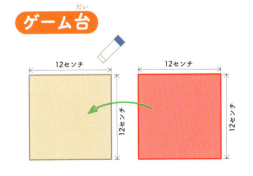

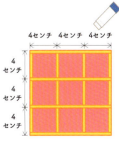
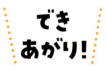

❶ダンボール板と色画用紙を切り、はりあわせる。

❷金のおりがみを5ミリはばで切る。

❸❶に❷を図のようにはる。

37

型紙

P11 えりんぎ
型紙 原寸大

P11 ほたて
型紙 原寸大

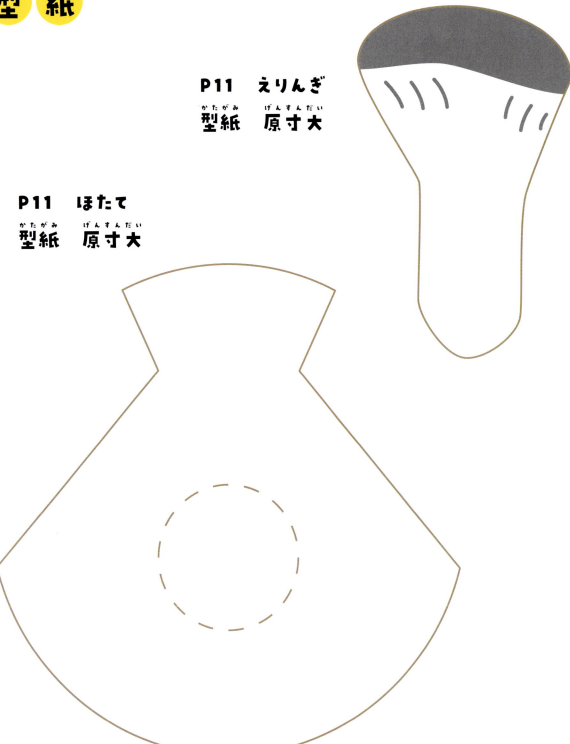

P29 ソフトクリームマシーン

かざり 型紙

P31 たいやきマシーン

かざり 型紙

いしかわ☆まりこ

千葉県流山市生まれの造形作家。
おもちゃメーカーにて開発・デザインを担当後、映像制作会社で幼児向けビデオの制作や、
NHK「つくってあそぼ」の造形スタッフをつとめる。
現在はEテレ「ノージーのひらめき工房」の工作の監修（工作アイデア＆制作）を担当中。
工作、おりがみ、立体イラスト、人形など、こどもから大人まで楽しめるものを中心に、
こども心を大切にした作品をジャンルを問わず発表している。
親子向けや指導者向けのワークショップも開催中。
著書に『5回で折れる　もっとたのしい おりがみ』『5回で折れる　季節と行事のおりがみ』『楽
しいハロウィン工作』（いずれも汐文社）、『おりがみでごっこあそび』（主婦の友社）、
『カンタン！かわいい！おりがみあそび』（岩崎書店）、『たのしい！てづくりおもちゃ』
『おって！きって！かざろうきりがみ』（ポプラ社）『かんたんおばけ工作』（偕成社）など。

図版作成、作品製作
もぐらぽけっと
写真
安田仁志
デザイン
小沼早苗（Gibbon）

\ まるで本物!? あそべる工作 /

バーベキュー・ドリンクバーをつくろう

2025年3月　初版第1刷発行

作●いしかわ☆まりこ
発行者●三谷光
発行所●株式会社汐文社
〒102-0071 東京都千代田区富士見 1-6-1
TEL 03-6862-5200　FAX 03-6862-5202
https://www.choubunsha.com
印刷●新星社西川印刷株式会社
製本●東京美術紙工協業組合
ISBN978-4-8113-3183-6